Mãe do Céu Morena

Padre Zezinho, scj

Mãe do Céu Morena

ILUSTRAÇÕES DE MAURICIO PEREIRA

Direção Editorial: Pe. Fábio Evaristo R. Silva, C.Ss.R.
Coordenação Editorial: Ana Lúcia de Castro Leite
Revisão: Leila Cristina Dinis Fernandes
Luana Galvão
Ilustrações, Diagramação e Capa: Mauricio Pereira

Dados Internacionais de Catalogação na Publicação (CIP)
(Câmara Brasileira do Livro, SP, Brasil)

Pe. Zezinho, scj
    Mãe do céu morena / Zezinho; ilustrações de Mauricio Pereira. – Aparecida, SP: Editora Santuário; São Paulo: Paulinas, 2015.

    ISBN 978-85-369-0367-5 (Santuário)
    ISBN 978-85-356-3944-5 (Paulinas)

    1. Nossa Senhora Aparecida – Devoção I. Pereira, Mauricio. II. Título.

15-02345   CDD-232.91

Índices para catálogo sistemático:

1. Nossa Senhora Aparecida: Devoção: Cristianismo 232.91

1ª impressão

Todos os direitos reservados à **EDITORA SANTUÁRIO** – 2015

Composição, impressão e acabamento:
Editora Santuário - Rua Pe. Claro Monteiro, 342
12570-000 – Aparecida-SP – Tel. (12) 3104-2000

Rua Dona Inácia Uchoa, 62
04110-020 – São Paulo – SP (Brasil)
Tel.: (11) 2125-3500

Mãe do Céu Morena
Senhora da América Latina
De olhar e caridade tão divina
De cor igual à cor de tantas raças

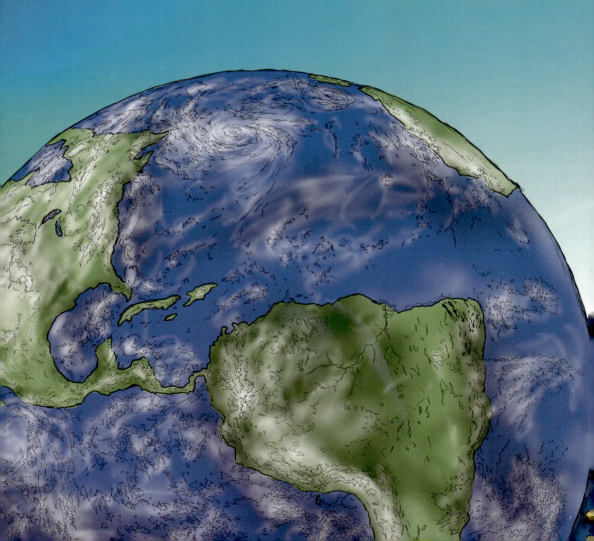

*Virgem tão Serena
Senhora destes povos tão sofridos
Patrona dos pequenos e oprimidos
Derrama sobre nós as tuas graças*

Derrama sobre os jovens tua luz
Aos pobres vem mostrar o teu Jesus
Ao mundo inteiro traz o teu amor de Mãe

Virgem tão Serena
Senhora destes povos tão sofridos
Patrona dos pequenos e oprimidos
Derrama sobre nós as tuas graças

Derrama a esperança sobre nós
Ensina o povo a não calar a voz
Desperta o coração de quem não acordou

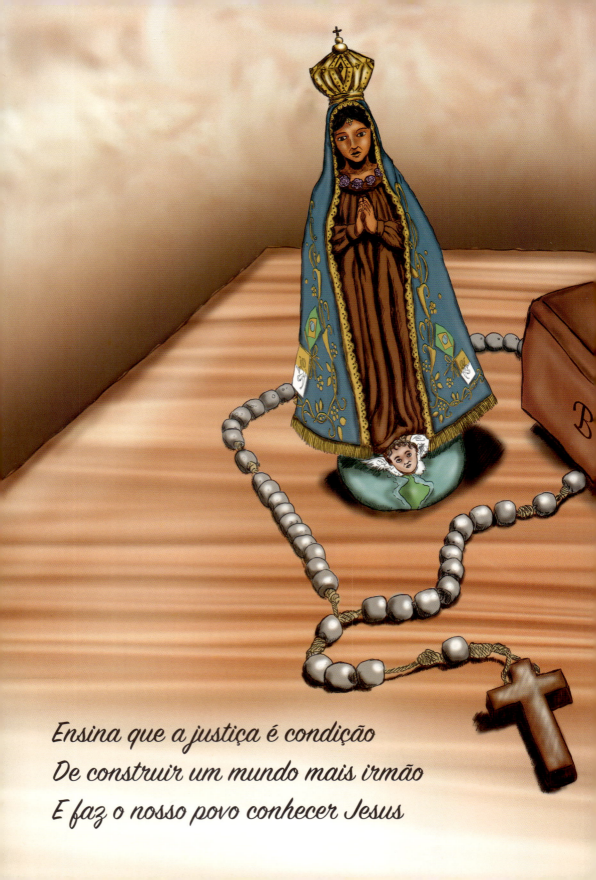

*Ensina que a justiça é condição
De construir um mundo mais irmão
E faz o nosso povo conhecer Jesus*

Partitura

Pe. Zezinho, scj

Mãe do Céu Morena
Pe. Zezinho, scj

Mãe do Céu Morena
Senhora da América Latina
De olhar e caridade tão divina
De cor igual à cor de tantas raças

Virgem tão Serena
Senhora destes povos tão sofridos
Patrona dos pequenos e oprimidos
Derrama sobre nós as tuas graças

Derrama sobre os jovens tua luz
Aos pobres vem mostrar o teu Jesus
Ao mundo inteiro traz o teu amor de Mãe

Ensina quem tem tudo a partilhar
Ensina quem tem pouco a não cansar
E faz o nosso povo caminhar em paz

Mãe do Céu Morena
Senhora da América Latina
De olhar e caridade tão divina
De cor igual à cor de tantas raças

Virgem tão Serena
Senhora destes povos tão sofridos
Patrona dos pequenos e oprimidos
Derrama sobre nós as tuas graças

Derrama a esperança sobre nós
Ensina o povo a não calar a voz
Desperta o coração de quem não acordou

Ensina que a justiça é condição
De construir um mundo mais irmão
E faz o nosso povo conhecer Jesus

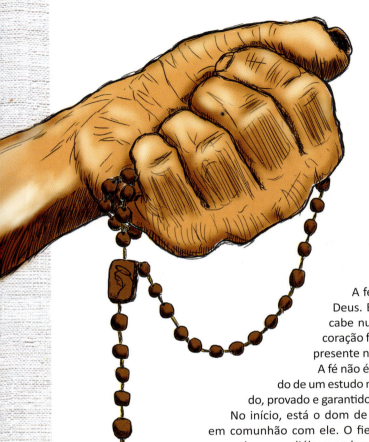

Creio em ti, Senhor!

A fé é um presente que recebemos de Deus. É uma graça... de graça. Mas ela só cabe num coração humilde e aberto. Num coração fechado, orgulhoso e arrogante, esse presente não tem como entrar.

A fé não é conclusão de uma pesquisa, resultado de um estudo no qual tudo foi verificado, confrontado, provado e garantido, sem possibilidade de engano.

No início, está o dom de Deus que chama a pessoa a viver em comunhão com ele. O fiel crê, porque é chamado e decide responder, num diálogo ao longo de toda uma vida.

A fé é um ato de confiança. Quando uma pessoa recebe o dom da fé e acolhe essa graça em seu coração, passa a acreditar mesmo sem ver, porque confia.

Por meio da fé eu sei que Deus existe, pois ele me procura e se revela. Por meio da fé eu sei que Jesus Cristo é seu Filho e meu Salvador. Isso me foi passado através do ensino, da pregação, dos testemunhos cuja fonte é a própria Palavra de Deus nas Escrituras.

Se eu livremente me recusar a crer minha vida perderá seu sentido. Não poderei ser salvo para a vida eterna. Como é importante crer! É absolutamente necessário.

Deus quer que todos se salvem e o dom da fé é de graça. Então, o segredo é pedir através da oração. Santo Afonso dizia aos seus leitores e ouvintes: "Quem reza se salva, quem não reza se condena!"

Peçamos a graça da fé por meio de Nossa Senhora Aparecida, a Mãe Morena que está sempre a interceder por nós.

Clodoaldo Montoro

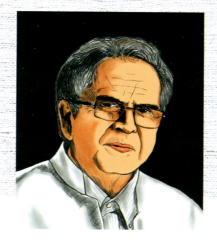

Pe. Zezinho, scj

José Fernandes de Oliveira, mais conhecido como Padre Zezinho, scj, nasceu em 1941 na cidade mineira de Machado. Cresceu na cidade paulista de Taubaté, onde foi coroinha no "Conventinho".

Estudou filosofia em Santa Catarina e teologia nos Estados Unidos, e ordenou-se padre no ano de 1967.

Dentre algumas de suas muitas atividades, podemos citar as de: Sacerdote Dehoniano, professor de comunicação, escritor, pregador, compositor, radialista, produtor e diretor de televisão, orientador de jovens, conferencista, colunista de jornal, teórico e pesquisador de comunicação religiosa.

É um dos autores católicos mais lidos e cantados no Brasil e no mundo, com mais de trezentas obras, se contarmos todos os livros, cds e vídeos realizados.

No início de sua vida sacerdotal, no bairro do Jabaquara em São Paulo, com apenas 26 anos, o Padre Zezinho, scj, já colocava em prática seus projetos e ideias inovadoras. Escrevera três livros, compôs e traduziu canções, criou bandas, grupos de teatro e dança.

Começou a usar o violão elétrico e a música pop em suas missas. Em uma época em que os grupos de rock começavam a fazer sucesso, Padre Zezinho, scj, criou seu próprio estilo musical, o que o aproximou ainda mais dos jovens dos colégios e paróquias da região, em seus retiros, missas e shows.

Atualmente, leciona comunicação na faculdade Dehoniana e publica livros sobre a pastoral da comunicação.

*"Não sou padre porque canto,
canto porque sou padre!"*

Mauricio Pereira

Nascido na cidade paulista de Taubaté, situada no Vale do Paraíba, Mauricio desde criança nutre um prazer em desenhar e escrever e já demonstrava talento para isso. Sempre foi incentivado nas artes por sua mãe, a dona Conceição, que guardava todos os seus desenhos e textinhos.

Cresceu e formou-se em publicidade e propaganda. Mas sua estrada sempre o levou para o lado editorial, e ele trabalhou em agências de propaganda e também em renomadas editoras na capital, sempre na área de criação e produção gráfica. Só foi começar a escrever e desenhar livros profissionalmente no ano de 2006, quando resolveu registrar em forma de um livro as histórias de assombração que seu pai lhe contava.

No início, a ideia era fazer apenas um projeto de conclusão de sua pós-graduação em design gráfico. Ele fez cursos e frequentou palestras e oficinas sobre como fazer um livro. Depois de tudo pronto, ofereceu esse projeto a diversas editoras, e após muitos "nãos" chegou a uma editora que se interessou e publicou seu primeiro livro de contos folclóricos, intitulado *Contos de Assombração*.

A partir daí não parou mais, escreveu e ilustrou outros títulos para diversas editoras. Hoje, já possui mais de 10 títulos publicados no Brasil e no exterior.

Suas ilustrações e textos refletem o modo de vida simples do interior, onde foi criado, e revelam seu gosto particular pela riqueza da nossa cultura brasileira.

MÃE DO CÉU MORENA
O encontro da imagem de Nossa Senhora

Das redes até ao coração dos humildes, que encontrou a força da esperança. As redes tornaram-se como que uma fonte de bênçãos, pois, nelas apareceu a imagem tosca e simples, singela e contagiante da Imaculada Conceição, que receberá do povo o título de Nossa Senhora Aparecida: a que apareceu nas águas do rio Paraíba.

Ano de 1717, tempo do Brasil-Colônia. Tempo de escravidão, de dominação do mais forte sobre o mais fraco.

Seguia seu caminho rumo a Vila Rica, MG (lá para as bandas de hoje Mariana, MG, e Ouro Preto, MG), para averiguar as condições do trabalho dos escravos na extração de ouro – para enriquecer a Coroa Portuguesa –, o Conde de Assumar, título político dado ao príncipe regente Dom Pedro de Almeida Portugal e Vasconcelos, governador da Capitania e futuro rei D. Pedro II.

Quando passava pelo povoado de Guaratinguetá, os políticos de então quiseram preparar-lhe um banquete, e por isso contrataram os pescadores para que conseguissem os peixes necessários para a festa de tão nobre personalidade.

Como Deus atuou sempre no meio da história humana, também aqui Ele agiu do mesmo modo. Foi a hora de Deus para os pobres, escravizados e explorados.

Saíram os pobres pescadores, cumprindo a ordem recebida, lançando as redes sem cessar, sem nada conseguir apanhar. Os peixes haviam sumido. Mas, se voltassem sem peixe, receberiam reprimendas e castigos. Tal é a realidade do escravo: Nunca poder dizer não!

Deus, porém, não age conforme a lógica humana, mas na lógica do amor.

Os pobres pescadores: João Alves, Felipe Pedroso e Domingos Garcia, fiéis à sua missão, labutaram até não mais poder, com lances e lances de redes, sem nada conseguir.

Ao chegarem à proximidade do Porto de Itaguaçu, estava reservada para eles a grande surpresa divina. Num lance de rede, surgiu entre as malhas da rede uma imagem tosca, coberta pelo lodo do fundo do rio, mas estava sem a cabeça. Outro lance de rede, e eis que aparece também, entre as malhas da rede, a cabeça da imagem, com um rosto sereno, nobre e de olhar profundo.

Um dos pescadores, cheio, confiante e tocado por tão digno achado, vai dizer com todo fervor: "É a imagem da Imaculada Conceição".

E numa atitude profunda de fé, pediu a Nossa Senhora que os livrasse da triste sina de voltar para casa sem levar os peixes que lhes foram recomendados. A partir de então, foi abundante a pescaria, a ponto de quase transbordar o barco que os conduzia.

Foi o primeiro sinal, comprovado pelos escritos históricos, nos documentos preservados, que atravessam os séculos.

Ninguém pode negar que o sinal da imagem não foi um fruto do acaso, nem um sinal qualquer, pois estava alicerçado no querer de Deus. Nossa Senhora outra coisa não faz, se não estiver de acordo com a vontade divina.

Livres dos açoites e dos castigos que poderiam vir por não trazerem os peixes, agora estão felizes, pois salvos dessa desonra, ainda tiveram a graça de colher do fundo do rio uma imagem, um sinal, que alcançaria o coração dos humildes.

Foi tudo muito simples o início da história de Nossa Senhora Aparecida, pois nada há de complicado nas coisas divinas. Só um coração trancado não é capaz de compreender os sinais de Deus.

E aconteceu a primeira procissão de Nossa Senhora: Das margens do rio Paraíba até a casa dos simples pescadores. Ali se reuniam suas famílias, todas as noites, para rezar diante da imagem aparecida nas redes, aparecida no coração dos amados de Deus. E a notícia se espalhou e alcançou o coração de muita gente, de longe e de perto. Ao lado do rio Paraíba passava a estrada que ligava São Paulo ao Rio de Janeiro, e foi então que o Pe. José Vilela, do povoado de Guaratinguetá, resolveu fazer uma Capela para a Santinha Aparecida, no alto do Morro dos Coqueiros, bem ali, onde hoje está a Basílica de Nossa Senhora Aparecida, a primeira basílica dedicada à Mãe de Deus, aqui no Brasil. Da primeira capelinha construída em 1748 é que surgiu a bela e grandiosa Basílica, inaugurada em 1888.

O povo, carregado de fé e desejoso de seu encontro com o divino, queria ver e se aproximar da Santinha Aparecida, nas águas do rio Paraíba, nas redes do pescador. Foi aí que Nossa Senhora, a Imaculada Conceição, ganhou o nobre e digno título de NOSSA SENHORA APARECIDA.

A Virgem de cor morena, de rosto sereno e de olhar penetrante, com lábios sorridentes, como é próprio de quem é de Deus, de mãos postas sempre a suplicar, nós a chamamos com tanto carinho e admiração: Nossa Senhora Aparecida.

Dos três primeiros, agraciados por Deus, por poder ver e tocar na imagem aparecida, a fé se multiplicou até mesmo sem mais poder contar, pois são milhões e milhões de romeiros que procuram se encontrar com a mesma Virgem Aparecida, que vêm agradecer as graças divinas recebidas e por ela intercedidas.

E a "Casa" grande, em seu louvor construída, o Santuário Nacional, que em nossos dias se torna pequeno, pois é incapaz de conter o tamanho do amor que brota do coração da Mãe de Deus, pelos grandes e pelos pequenos. Tão grande e espaçoso, para guardar uma "pequena imagem", de apenas 36 cm, mas para nos ensinar a viver do jeito que Nossa Senhora viver: Diante de Deus, todos devemos ser humildes e pequenos!

A Mãe do Céu Morena, de olhar sereno e contagiante, faz pulsar nosso coração, o coração dos que não se revestem de orgulho e de autossuficiência, pois sabem que além de tudo, há de permanecer o amor de Deus.

Mãe do Céu morena que continua a acolher os pequenos e os fracos, os humildes e desprezados, que encontram alento em tão sublime e santo coração materno: o de Maria, a Imaculada Conceição.

Caminhemos, pois, na esperança, junto com Nossa Senhora, e deixemos que Deus nos faça instrumentos de sua história de vida, de amor e de salvação!

Pe. Ferdinando Mancilio

Consagração a Nossa Senhora Aparecida

Ó Maria Santíssima,
pelos méritos de Nosso Senhor Jesus Cristo,
em vossa querida imagem de Aparecida,
espalhais inúmeros benefícios sobre todo o Brasil.
Eu, embora indigno de pertencer ao número
de vossos filhos e filhas, mas cheio do desejo de participar
dos benefícios de vossa misericórdia,
prostrado a vossos pés: consagro-vos o meu entendimento,
para que sempre pense no amor que mereceis;
consagro-vos a minha língua,
para que sempre vos louve e propague a vossa devoção;
consagro-vos o meu coração, para que, depois de Deus,
vos ame sobre todas as coisas.

Recebei-me, ó Rainha incomparável,
vós que o Cristo crucificado deu-nos por Mãe,
no ditoso número de vossos filhos e filhas;
acolhei-me debaixo de vossa proteção;
socorrei-me em todas as minhas necessidades,
espirituais e temporais, sobretudo na hora de minha morte.
Abençoai-me, ó celestial cooperadora, e com vossa poderosa
intercessão, fortalecei-me em minha fraqueza,
a fim de que, servindo-vos fielmente nesta vida,
possa louvar-vos, amar-vos e dar-vos graças no céu,
por toda a eternidade.

Assim seja!

Rua Padre Claro Monteiro, 342
Aparecida-SP – CEP: 12570-000
Fone: (12) 3104-2000

Rua Dona Inácia Uchoa, 62
04110-020 – São Paulo – SP (Brasil)
Fone: (11) 2125-3500